Sobremesas para alegrar a vida

DIRETORA DA COLEÇÃO: TRINI VERGARA

CHEF: PAMELA VILLAR

FOTOGRAFIA: ÁNGELA COPELLO

V&R EDITORAS

PARA ALEGRAR A VIDA

Meus primeiros passos na cozinha foram em casa, com a minha mãe, que é tão fanática por doces quanto eu. Desde os meus 7 anos, quando ela fazia tortas, bolos, biscoitos ou o que quer fosse, eu sempre estava lá, ajudando. Minha primeira especialidade foram os bolos recheados com doce e creme. Quando decidi transformar essa paixão em uma profissão de verdade, me aprofundei nas técnicas para ter uma base sólida e, depois, quis percorrer o mundo e aprender outras tradições, sempre buscando a excelência nas sobremesas mais gostosas de cada cultura. Este livro reúne apenas uma parte desse maravilhoso mundo dos doces. Para selecionar estas receitas, relembrei com minha editora, Trini Vergara, os momentos em que as sobremesas nos alegram de maneira especial. Foi assim que escolhemos algumas delas para saborear com a família, outras para se deliciar ao ar livre, várias dedicadas às crianças, aos momentos românticos ou, ainda, para uma comemoração especial, como um verdadeiro *buffet* de sobremesas.

"Para alegrar a vida": disso se trata a culinária e, principalmente, a confeitaria. Compartilhar e dar demonstrações do carinho que sentimos pelas pessoas para as quais cozinhamos. Este livro é destinado a todos aqueles que, mesmo não sendo confeiteiros profissionais, apreciam a cozinha e sentem a mesma satisfação que eu sinto quando trabalho. Por isso, agradeço infinitamente a todos os que me acompanham e possibilitam que eu continue crescendo no que faço, para me realizar não apenas como profissional, mas também pessoalmente. Obrigada pelo apoio incondicional de todos.

Pamela Villar

SOBREMESAS PARA SE DELICIAR COZINHANDO

O objetivo deste livro é alegrar quem o lê, antes mesmo de chegar aos seus destinatários finais por meio de cada delícia saboreada.

Folhear as páginas, ler uma receita com calma, pensar nas preferências dos que irão prová-la, planejar o momento em que vamos cozinhar: cada passo merece ser apreciado.

Testadas uma a uma, e muitas delas mais de uma vez, as receitas trazem explicações minuciosas. Buscamos oferecer uma seleção bem variada, incluindo algumas clássicas, como a *mousse* de chocolate ou as tortinhas de frutas, e outras mais criativas e modernas, como o *trifle* de maracujá, que mistura texturas, sabores e cores de uma forma incrível. Sempre fáceis de fazer, algumas são muito rápidas, e outras requerem mais tempo ou mais passos, embora saibamos que para os amantes da cozinha as etapas de preparação são momentos de grande prazer, compartilhados com alguém ou em horas de tranquilidade.

RECOMENDAÇÕES IMPORTANTES

- Use uma balança. A confeitaria requer muita precisão, pois os ingredientes, suas combinações e o cozimento geram processos químicos fascinantes, mas que dependem das quantidades exatas. Recomendamos as balanças eletrônicas, que podem ser compradas em lojas de utilidade doméstica ou ainda em supermercados.

- Organize seu tempo. Para aproveitar suas horas na cozinha, é preciso reservar esse espaço na agenda, seja para uma receita rápida, seja para aquelas mais complicadas, preparadas de um dia para o outro.

- Comece medindo, pesando e colocando os ingredientes sobre a mesa. Todos os profissionais aprendem essa técnica – chamada *mise en place* – logo no primeiro dia e não a abandonam mais, porque é a garantia de não ter surpresas ruins e de não perder tempo.

- Mantenha o espaço limpo e arrumado: enquanto espera o próximo passo, aproveite para lavar o que usou; assim, quando terminar, você não terá uma pilha de louça suja à sua espera.

Para celebrar em família

INGREDIENTES

Para a massa:

250 g de laranjas frescas (2 médias)

170 g de manteiga em temperatura ambiente (consistência pastosa)

170 g de açúcar demerara

3 ovos

250 g de semolina ou farinha de trigo

4 colheres de chá de fermento em pó

120 g de amêndoas descascadas e moídas

Para o syrup:

220 g de mel

5 colheres de sopa de água

1 rama de canela

5 colheres de sopa de suco de laranja

1 colher de sopa de suco de limão

Para a cobertura de iogurte:

100 g de iogurte natural

100 g de creme de leite

1 colher de sopa de açúcar de confeiteiro

50 g de pistaches picados

2 colheres de sopa de mel

Rendimento: 12 pessoas

Cake molhado de laranja com iogurte e pistache

A textura esponjosa e úmida do bolo, combinada com o frescor do iogurte e o crocante dos pistaches, faz com que esta sobremesa seja uma verdadeira delícia.

PREPARAÇÃO

A massa: Descasque as laranjas e separe os gomos, retirando a parte branca. Corte em quatro pedaços, tire as sementes e bata todo o restante no processador até obter uma consistência cremosa. Em um recipiente à parte, bata manualmente a manteiga e o açúcar. Acrescente ao creme de laranja, os ovos, a semolina, o fermento em pó e as amêndoas. Coloque em uma fôrma de 24 cm de diâmetro com um disco de papel-manteiga na base, untado com manteiga e polvilhado com farinha. Leve para assar em forno pré-aquecido a 180°C, durante aproximadamente 40 minutos, até a superfície dourar. Retire, deixe esfriar e desenforme.

O syrup: coloque o mel, a água e a canela em uma panelinha e deixe ferver. Abaixe o fogo e continue cozinhando por mais 3 minutos. Retire do fogo, tire a rama de canela e adicione os sucos. Fure o bolo com um palito e molhe com este xarope, até absorver tudo *(ver fotos)*.

A cobertura: bata o iogurte, o creme de leite e o açúcar, até ficar com uma consistência encorpada, mas não totalmente firme. Cubra o bolo com esta cobertura e decore com os pistaches picados e o mel.

1

2

3

Cookies com um toque inovador

De pistache e água de rosas

INGREDIENTES

100 g de farinha de trigo • ½ colher de chá de fermento em pó
50 g de manteiga ou margarina • 50 g de açúcar demerara
1 colher de chá de mel • 2 colheres de sopa de água de rosas*
50 g de pistaches moídos

* É comprada em lojas de produtos naturais ou de artigos para confeitaria; também pode ser substituída por água de flor de laranjeira.

Rendimento: 12 unidades

PREPARAÇÃO

No processador, bata a farinha com o fermento e a manteiga fria, até obter uma farofa. Acrescente o restante dos ingredientes e bata por mais 10 segundos (você também pode misturar com um garfo em um recipiente amplo). Termine de unir a massa com as mãos e forme um cilindro comprido. Corte em 12 pedaços e faça uma bolinha com cada um. Coloque em uma assadeira untada com manteiga e pressione levemente para achatar as bolinhas. Leve para assar em forno pré-aquecido a 180°C, por aproximadamente 12 minutos, até dourarem. Retire e deixe esfriar antes de servir.

De chocolate branco e pimenta rosa

INGREDIENTES

120 g de farinha de trigo • ½ colher de chá de fermento em pó
120 g de manteiga ou margarina • 90 g de açúcar • 30 g de amido de milho • 50 g (4 colheres de sopa) de aveia em flocos
2 colheres de sopa de leite • *Para decorar:* **150 g de chocolate branco • 20 g de grãos de pimenta rosa, verde ou colorida**

Rendimento: 12 unidades

PREPARAÇÃO

Para fazer a massa, siga as indicações da receita anterior. Coloque os *cookies* na assadeira untada, deixando bastante espaço entre um e outro, pois eles crescem e podem grudar. Leve para assar em forno pré-aquecido a 180°C, por aproximadamente 12 minutos, até dourarem. Retire e deixe esfriar sobre uma grelha. Lambuze com o chocolate branco derretido e distribua os grãos de pimenta rosa por cima.

INGREDIENTES

Para a massa:

150 g de manteiga em temperatura ambiente

150 g de açúcar

3 ovos

2 colheres de chá de café solúvel granulado

1 colher de sopa de água quente

150 g de farinha de trigo

1½ colher de chá de fermento em pó

50 g de nozes torradas e moídas*

Para a calda de café:

100 g de açúcar

100 ml de água

25 g (2 colheres de sopa) de café solúvel granulado

Bolo úmido de nozes e café

Com gostinho de bolo da vovó.

Para o recheio:

50 g de manteiga em temperatura ambiente

100 g de açúcar de confeiteiro

30 g de cacau amargo em pó

2 colheres de sopa de café solúvel granulado

1 colher de sopa de água quente

100 g de nozes torradas picadas grossas

Para o glacê de café:

2 colheres de sopa de café solúvel granulado

2 colheres de sopa de água quente

75 g de açúcar de confeiteiro

Rendimento: 12 pessoas

* Torradas levemente (durante uns 5 minutos) em forno médio.

PREPARAÇÃO

A massa: bata a manteiga com o açúcar até obter um creme. Acrescente os ovos um por um, batendo sempre. Incorpore o café dissolvido na água quente. Por último, adicione os ingredientes secos e mexa bem. Coloque a mistura em uma fôrma de 20 cm de diâmetro, untada com manteiga e polvilhada com farinha, e leve para assar em forno pré-aquecido a 180°C, durante aproximadamente 35 minutos (ou até que um palito introduzido no centro do bolo saia limpo).

A calda de café: coloque o açúcar em uma panelinha, cubra com a água e cozinhe até ferver. Retire do fogo e acrescente o café.

O recheio: bata a manteiga com o açúcar até obter um creme. Acrescente o cacau e o café dissolvidos na água quente. Misture bem.

O glacê de café: dissolva o café na água quente. Incorpore o açúcar e bata com um garfo até obter um glacê liso e consistente.

Montagem: corte o bolo em duas camadas iguais; inverta a posição original para que o lado de cima, mais "inflado", fique para baixo *(foto 1)*. Umedeça ambas as camadas com a calda *(foto 2)*, distribua o recheio e a metade das nozes, e tampe com a outra camada *(fotos 3 e 4)*. Cubra com o glacê *(foto 5)*. Decore em volta com o restante das nozes picadas.

1

2

3

4

5

Cobbler de ameixas e frutas vermelhas

INGREDIENTES

Para o recheio:

8 ameixas frescas*

500 g de frutas vermelhas (morangos, mirtilos, framboesas etc.)*

150 g de açúcar

2 colheres de sopa de farinha de trigo

Para a massa:

280 g de farinha de trigo

25 g de fermento em pó

70 g de açúcar

1 colher de chá de sal

130 g de manteiga fria cortada em cubos

180 g de creme de leite

Para cobrir:

2 colheres de sopa de creme de leite

2 colheres de sopa de açúcar de confeiteiro

Rendimento: 10 pessoas

* Todas as frutas podem ser substituídas por 500 g de peras ou outra fruta macia.

Quando faz frio, não há nada mais agradável que levar uma travessa quentinha à mesa. Melhor ainda se for uma sobremesa gostosa como esta.

PREPARAÇÃO

O recheio: corte as ameixas em quatro, sem descascar, e misture com as frutas vermelhas e o açúcar. Deixe descansar por 15 minutos.

A massa: no processador, bata a farinha com o fermento em pó, o açúcar, o sal e a manteiga, até obter uma farofa (ou trabalhe com um garfo em um recipiente amplo). Incorpore o creme de leite e bata até a massa começar a se unir. Passe para a mesa e termine de unir com as mãos, sem amassar. Com a ajuda de uma colher, faça 10 bolinhas *(foto 1)*, coloque sobre uma assadeira untada com manteiga, amasse levemente cada uma *(foto 2)* e leve à geladeira durante 20 minutos.

Montagem: na hora de montar a sobremesa, distribua as frutas em uma travessa refratária e polvilhe com as 2 colheres de farinha. Coloque as bolinhas de massa por cima, levemente separadas entre si. Lambuze cada bolinha com creme de leite e polvilhe com açúcar de confeiteiro *(foto 3)*. Leve para assar em forno pré-aquecido a 180°C durante uma hora, até as frutas ficarem moles e o *cobbler*, dourado.

Sugestão: sirva morno, com creme de leite fresco ou sorvete de creme.

1 2 3

INGREDIENTES

Para a massa:

125 g de manteiga ou margarina

250 g de farinha de trigo

50 g de açúcar de confeiteiro

raspas de 1 limão

1 ovo

1 ou 2 colheres de sopa de leite frio (se for necessário)

Para o recheio:

4 peras

250 ml de água

250 g de açúcar

Para o frangipane:

180 g de amêndoas torradas e moídas

35 g de farinha de trigo

180 g de manteiga em temperatura ambiente

180 g de açúcar

2 ovos

Rendimento: 8 pessoas

Frangipane de peras e amêndoas

Esta torta, originária da Normandia, na França, transformou-se em um clássico da confeitaria caseira, por ser gostosa e simples, infalível e sempre bem-vinda.

PREPARAÇÃO

A massa: no processador, bata todos os ingredientes até formar a massa (acrescente o leite se for necessário). Se não utilizar o processador, trabalhe manualmente, primeiro a manteiga com a farinha, até obter uma farofa; acrescente o restante dos ingredientes e misture com a ponta dos dedos apenas o necessário para formar a massa, sem amassar demais.

Envolva em plástico filme e leve à geladeira por uma hora. Estique com o rolo de massa sobre a mesa enfarinhada, girando a massa até lhe dar a forma da assadeira; sempre polvilhe farinha na superfície de trabalho e na massa, para não grudar. Enrole a massa no rolo e forre uma fôrma para torta de fundo removível, de aproximadamente 18 x 27 cm, ou circular, de 22 cm de diâmetro *(ver fotos)*. Fure toda a superfície com um garfo e volte à geladeira por mais 40 minutos. Leve para assar em forno pré-aquecido a 180ºC durante 12 minutos, até ficar seca, mas não dourada.

As peras: descasque as peras e corte-as pela metade. Numa panelinha, ferva a água e o açúcar durante 2 minutos, até obter uma calda rala. Introduza as peras na calda e cozinhe até ficarem moles. Escorra e corte em fatias, de modo que conservem a forma de meias peras. Reserve.

O frangipane: misture todos os ingredientes e coloque sobre a massa pré-cozida. Distribua as peras por cima, de forma decorativa. Polvilhe com açúcar de confeiteiro e leve para assar em forno pré-aquecido a 180ºC durante 30 minutos. Retire e deixe esfriar em temperatura ambiente antes de servir.

1

2

3

4

5

Torta de ricota com cobertura de mirtilos

INGREDIENTES

Para a massa:

150 g de manteiga em temperatura ambiente

175 g de açúcar

3 gemas

3 claras

250 g de ricota fresca

160 g de farinha de trigo

10 g de fermento em pó

raspas de 1 laranja

Para a cobertura:

200 g de mirtilos descongelados

100 g de mirtilos frescos

Rendimento: 8 pessoas

Além de fácil, esta torta é econômica e versátil: a cobertura de mirtilos pode ser substituída por outra fruta ou combinação de frutas para inovar ou aproveitar qualquer estação do ano.

PREPARAÇÃO

A massa: bata a manteiga com o açúcar. Acrescente as gemas, a ricota previamente peneirada e os ingredientes secos. Por último, bata as claras em neve e incorpore com movimentos circulares. Coloque em uma fôrma redonda de aproximadamente 22 cm de diâmetro, untada com manteiga e polvilhada com farinha, e leve para assar em forno pré-aquecido a 180°C, por uns 40 minutos, até a superfície ficar dourada.

A cobertura: misture os mirtilos descongelados com os frescos. Caso não encontre mirtilos frescos, é possível usar todos descongelados.

Montagem: coloque a torta na travessa em que será servida e cubra com a cobertura de mirtilos.

Variações de cobertura: qualquer tipo de fruta suculenta (fresca ou em calda), inteira, se for pequena como groselha ou framboesa; em gomos, se for cítrica; ou em fatias cortadas na metade, se for manga ou abacaxi.

Para as crianças

INGREDIENTES

180 g de manteiga em temperatura ambiente

180 g de açúcar

1 colher de chá de essência de baunilha

3 ovos

180 g de farinha de trigo

2 colheres de chá de fermento em pó

Para os recheios:

50 g de gotas de chocolate (ou chocolate picado grosso)

50 g de framboesas frescas, ou congeladas (sem descongelar)

50 g de doce de leite

Para o frosting*:*

80 g de manteiga em temperatura ambiente

150 g de açúcar de confeiteiro

200 g de queijo Philadelphia

Três cores:

1 colher de chá de cacau amargo em pó

2 colheres de sopa de doce de leite

3 ou 4 gotas de corante vermelho

Rendimento: 12 cupcakes

Trio de cupcakes

São fáceis e coloridos, e podem ser preparados com a ajuda das crianças.

PREPARAÇÃO

Bata a manteiga com o açúcar e a baunilha até obter um creme. Incorpore os ovos um por um, batendo sempre. Por último, acrescente os ingredientes secos e misture bem. Divida a preparação em três partes iguais. Adicione as gotas de chocolate em uma, as de framboesas congeladas em outra, e deixe a terceira como está.

Use 12 fôrmas de silicone (ou metálicas) para *cupcakes* ou *muffins*, untadas com manteiga e polvilhadas com farinha (se forem de papel, unte com óleo vegetal em aerosol). Distribua as preparações com chocolate e framboesa em 4 fôrmas. Com a parte que sobrar, recheie as 4 fôrmas restantes até a metade, coloque uma colher de chá de doce de leite no centro e cubra com outra quantidade igual de massa. Leve para assar em forno pré-aquecido a 180°C, durante 12-15 minutos, até a superfície ficar dourada.

O* frosting*: bata a manteiga e o açúcar e acrescente o queijo Philadelphia; esta preparação deve ficar homogênea. Leve à geladeira durante uma hora. Distribua em 3 recipientes *(foto 1)*: no primeiro, acrescente uma colher de cacau em pó; no segundo, o doce de leite; e, no último, o corante vermelho. Coloque em um saco de confeitar e decore os *cupcakes (fotos 2, 3 e 4)*.

1

2

3

4

Alfajores de dois chocolates

Nada como o chocolate para alegrar o coração de crianças e adultos ...

INGREDIENTES

Para a massa:

150 g de manteiga em temperatura ambiente

150 g de açúcar

2 ovos

100 g de chocolate meio amargo

1 colher de chá de essência de baunilha

4 colheres de sopa de leite

300 g de farinha de trigo

1 colher de chá de fermento em pó

Para o recheio:

200 g de chocolate ao leite

100 g de creme de leite

Para a cobertura:

300 g de chocolate meio amargo

50 g de manteiga ou margarina

Rendimento: de 10 a 12 alfajores

PREPARAÇÃO

Bata a manteiga com o açúcar até obter um creme claro. Adicione os ovos um por um, batendo sempre. Em um recipiente à parte, derreta o chocolate em banho-maria (ou no micro-ondas, em intervalos de 30 segundos, mexendo entre cada um). Incorpore o chocolate derretido, a baunilha e o leite à preparação anterior. Por último, acrescente a farinha e o fermento em pó. Forme uma massa e leve à geladeira por no mínimo uma hora. Estique-a sobre a mesa enfarinhada e, com um molde ou um copo, corte discos de aproximadamente 6 cm de diâmetro *(foto 1)*. Coloque em uma assadeira untada com manteiga e leve para assar em forno pré-aquecido a 180°C durante uns 8 minutos, só até secarem.

O recheio: pique o chocolate bem fino e coloque em um recipiente. Esquente o creme de leite em uma panelinha e, um momento antes de ferver, despeje sobre o chocolate. Deixe descansar por 20 segundos e misture bem até obter um creme de chocolate ou *ganache*. Deixe esfriar por uma hora em temperatura ambiente, coloque em saco de confeitar e recheie os alfajores *(fotos 2 e 3)*.

A cobertura: derreta o chocolate com a manteiga em fogo baixo. Coloque os alfajores sobre uma grelha e banhe-os com a cobertura *(fotos 4 e 5)*. Espere secar em temperatura ambiente.

1 2 3 4 5

Flan de doce de leite com nozes caramelizadas

INGREDIENTES

Para os flans:

250 g de açúcar

50 ml de água

500 ml de leite

220 g de doce de leite*

3 ovos

3 gemas

Para as nozes caramelizadas:

200 g de nozes

200 g de açúcar

100 ml de água

Rendimento: 8 flans (em fôrmas de 8,5 cm de diâmetro) ou 10 (em fôrmas de 6,5 cm de diâmetro).

* Pode ser preparado em casa, fervendo uma lata de leite condensado durante uma hora e deixando esfriar bem antes de abri-la.

Para mimar as crianças com uma sobremesa ao mesmo tempo suave, doce e crocante. O ideal é que seja preparada com antecedência.

PREPARAÇÃO

Numa panelinha, coloque 150 g de açúcar e a água. Ferva até caramelizar e distribua essa calda em fôrmas individuais de metal ou silicone. Deixe esfriar. Esquente o leite com o doce de leite e a metade do açúcar restante, mexendo até dissolver. Retire do fogo antes que ferva. Bata ligeiramente os ovos, as gemas e o restante do açúcar, e despeje sobre a mistura de leite quente, sem parar de bater. Coe e distribua nas fôrmas. Coloque em uma assadeira com água fervendo, para assá-los em banho-maria, e cubra tudo com papel-alumínio. Leve para assar em forno pré-aquecido a 180°C durante 20 a 30 minutos (se fizer tudo junto em uma fôrma grande, serão de 40 a 50 minutos).

As nozes caramelizadas: torre as nozes inteiras durante 5 minutos em forno moderado (180°C). Deixe esfriar. Coloque o açúcar em uma panelinha e cubra com a água. Deixe levantar fervura e cozinhe por mais 5 minutos, até obter uma calda encorpada (*foto 1*). Retire do fogo e adicione as nozes. Mexa com uma colher de madeira, sempre fora do fogo, até o açúcar se cristalizar e cobrir as nozes, ficando branco e seco (*fotos 2, 3 e 4*). Sirva os pudins acompanhados das nozes caramelizadas.

1

2

3

4

Trufas de chocolate e doce de leite

INGREDIENTES

120 g de biscoito champanhe ou pedaços de pão de ló

100 g de biscoitos de chocolate moídos

250 g de doce de leite*

50 g de chocolate meio amargo ralado

1 colher de chá de café solúvel granulado

1 colher de sopa de água quente

Para cobrir (alternativas):

50 g de coco ralado, ou

50 g de nozes ou amêndoas moídas, ou

50 g de chocolate granulado colorido, ou

30 g de cacau em pó

Rendimento: aproximadamente 30 unidades

* Pode ser preparado em casa, fervendo uma lata de leite condensado durante uma hora e deixando esfriar bem antes de abri-la.

Estas trufas deliciosas são a receita ideal para que os pequenos possam ajudar na cozinha. São fáceis e divertidas de moldar, e as crianças podem expressar sua criatividade cobrindo-as com uma grande variedade de ingredientes e cores.

PREPARAÇÃO

Em um recipiente, despedace os biscoitos champanhe ou os pedaços de pão de ló até ficarem bem moídos. Adicione o restante dos ingredientes (o café previamente dissolvido em água quente) e trabalhe-os com as mãos até obter uma preparação uniforme e grudenta. Pegue pequenas porções com a mão e faça bolinhas do tamanho de uma noz.

Coloque o ingrediente escolhido para decorar em um prato e role as trufas sobre ele até ficarem bem cobertas (você pode cobrir todas com o mesmo ingrediente ou variar). Sirva em forminhas de papel.

Bolo de coco e três leites

INGREDIENTES

*Para a massa:***

6 ovos

180 g de açúcar

180 g de farinha de trigo

Para os três leites:

1 lata de leite condensado

1 garrafa (200 ml) de leite de coco

200 ml de leite

Rendimento: 16 pessoas

* O clássico "bolo de três leites" não é feito com leite de coco, mas com leite evaporado, uma espécie de leite condensado sem açúcar.

** O ideal é preparar a massa um dia antes, para ficar mais firme antes de absorver os três leites.

O bolo de três leites, com sua consistência suave e úmida, é uma das descobertas mais deliciosas da confeitaria caseira. Esta versão com coco é irresistível para as crianças e também para os adultos!*

PREPARAÇÃO

Nota inicial: bata os ovos com o açúcar, até ficarem bem espumosos e ganharem mais volume. Adicione a farinha peneirada e misture com movimentos envolventes. Coloque em uma assadeira quadrada de 22 x 22 cm, forrada com papel-alumínio, untada com manteiga e polvilhada com farinha. Leve para assar em forno pré-aquecido a 180°C, durante aproximadamente 40 minutos, até que a massa esteja bem dourada. Retire e deixe esfriar na assadeira.

Os três leites: no dia seguinte, retire suavemente a camada superior do bolo com os dedos *(fotos 1 e 2)*. Com um palito, faça vários furos na superfície *(foto 3)*. Esquente os três leites juntos sem deixar ferver; espere amornar e retire do fogo. Sem desenformar, molhe o bolo com a preparação ainda morna, para que absorva tudo *(foto 4)*. Leve à geladeira durante 3 horas. Corte em 16 quadrados iguais e decore com coco ralado, ou então polvilhe açúcar e queime com um maçarico *(foto 5)*.

1 2 3 4 5

Para o lanche da tarde

Carrot cake clássico

O carrot cake *é uma sobremesa clássica de origem inglesa, mas que já foi adaptada no mundo inteiro. A doçura suave das cenouras abre espaço para os aromas das especiarias e o crocante das amêndoas. Combinada com sua cobertura fresca, é tão agradável quanto estar ao ar livre em um dia de sol.*

INGREDIENTES

Para a massa:

200 g de açúcar

2 ovos

110 ml de óleo

180 g de cenouras raladas grosso

60 g de amêndoas

50 g de uvas-passas

½ colher de chá de canela

½ colher de chá de noz-moscada

½ colher de chá de essência de baunilha

raspas de 1 laranja

200 g de farinha de trigo

½ colher de chá de bicarbonato de sódio

2 colheres de chá de fermento em pó

Para o frosting *de queijo:*

200 g de queijo cremoso

100 g de açúcar de confeiteiro

80 g de manteiga em temperatura ambiente

1 colher de sopa de suco de limão

2 colheres de sopa de amêndoas fatiadas

Rendimento: 12 pessoas

PREPARAÇÃO

Bata os ovos com o açúcar até obter uma mistura clara. Adicione o óleo em fio, enquanto continua batendo. Acrescente as cenouras, as frutas secas picadas, as especiarias, a essência de baunilha e as raspas de laranja. Peneire a farinha com o bicarbonato e o fermento em pó e incorpore à preparação anterior, mexendo até ficar homogênea. Coloque em uma assadeira redonda com papel manteiga na base, tudo untado com manteiga e polvilhado com farinha. Leve para assar em forno pré-aquecido a 180°C por aproximadamente 40 minutos, até que um palito introduzido no centro saia seco.

O* frosting *de queijo: bata todos os ingredientes até ficarem com uma boa consistência para cobrir o bolo. Termine de enfeitar com as amêndoas fatiadas.

Mini pavlovas com creme de leite fresco e frutas da estação

INGREDIENTES

Para o merengue:

3 claras

200 g de açúcar

Para o creme de baunilha:

200 g de creme de leite

½ colher de chá de essência de baunilha

50 g de açúcar de confeiteiro

200 g de frutas da estação (por exemplo, 2 tangerinas, 2 kiwis e ½ manga)

Rendimento: 12 pessoas

Delicadas e refrescantes, podem ser preparadas com antecedência, congeladas e decoradas na última hora. Único pré-requisito: não ter receio de fazer o merengue, pois esta receita é simples e infalível.

PREPARAÇÃO

O merengue: Na batedeira, bata as claras em neve. Quando dobrar de volume, polvilhe o açúcar. Continue batendo até misturar e o suspiro ficar bem firme (*foto 1*). Com a ajuda de uma colher, faça os "ninhos", de uns 6 a 8 cm de diâmetro, sobre papel manteiga untado, ou então sobre uma base de silicone (*fotos 2 e 3*). Leve para assar em forno pré-aquecido à temperatura mínima (100°C), durante 45 minutos.
O creme de baunilha: bata o creme de leite com a baunilha e o açúcar até obter um ponto firme. Coloque uma colherzinha sobre cada merengue e decore com as frutas, lavadas e cortadas em fatias finas.

1 2 3

Trifles de maracujá com crumble de coco e morangos

INGREDIENTES

Para o creme de maracujá:

200 g de polpa de maracujá (2 ou 3 unidades)

6 gemas

1 ovo

250 g de açúcar

150 g de manteiga ou margarina

150 g de creme de leite

Para o crumble de coco:

100 g de farinha de trigo

100 g de açúcar

100 g de manteiga ou margarina fria

20 g de coco ralado

Para a cobertura de morangos:

250 g de morango

50 g de açúcar

1 colher de chá de gengibre fresco ralado

Rendimento: 8 copos

Esta é uma sobremesa fantástica. O maracujá é transformado em um creme doce e cítrico ao mesmo tempo que, em contraste com o crocante do coco, pede a frescura líquida de outra fruta natural, como o morango. Esta é uma receita para quem quer se aventurar e surpreender a todos.

PREPARAÇÃO

Extraia toda a polpa do maracujá, incluindo as sementes, e coloque 150 g dessa polpa junto com as gemas, o ovo e o açúcar em um recipiente resistente ao calor. Apoie sobre uma panela com água fervendo em fogo suave, cuidando para não tocar a base, e mexa a preparação até engrossar. Retire do fogo e, aos poucos, acrescente a manteiga fria cortada em cubos pequenos, misturando um por um. Por último, bata o creme de leite a meio ponto (até formar bicos suaves) e incorpore-o também. Leve à geladeira durante duas horas. Um momento antes de montar a sobremesa, adicione o restante da polpa de maracujá, misturando com uma espátula.

O crumble: no processador ou manualmente, com um garfo, bata todos os ingredientes até obter uma farofa. Distribua em uma assadeira de modo que a massa fique da mesma altura, e leve para assar em forno moderado (180°) durante 15 minutos. Deixe esfriar e bata novamente (ou moa).

Os morangos: deixe descansar durante aproximadamente uma hora, os morangos cortados em quatro partes, junto com o açúcar e o gengibre. Monte os copos de *trifle* distribuindo o creme de maracujá na base, o *crumble* no meio e os morangos por cima. Reserve na geladeira até a hora de servir.

Pão de banana e nozes pecã

INGREDIENTES

3 bananas maduras

algumas gotas de suco de limão

100 g de manteiga em temperatura ambiente

170 g de açúcar demerara

2 ovos

150 g de farinha de trigo branca

50 g de farinha de trigo integral

1½ colher de chá de fermento em pó

1 colher de chá de canela

100 g de nozes pecã (ou comuns)

Rendimento: 10 pessoas

Ideal para um café da manhã ou um chá ao ar livre, faça frio ou faça calor... Se oferecermos este gostoso pão de banana com nozes a adultos ou a crianças, amigos ou familiares, ou ainda se estivermos com uma pessoa especial, será sempre um modo de compartilhar um momento de prazer.

PREPARAÇÃO

Amasse as bananas com um garfo e pingue algumas gotas de suco de limão. Bata a manteiga com o açúcar até obter um creme. Adicione os ovos um por um, batendo sempre, e o purê de bananas. Por último, incorpore os ingredientes secos e as nozes partidas em pedaços grandes e torradas brevemente no forno (fique de olho, pois elas douram muito rápido). Coloque em uma fôrma de pão (ou de bolo inglês) untada com manteiga e leve para assar em forno pré-aquecido a 180°C durante 45 minutos, até que um palito introduzido no centro saia seco.

Barrinhas de coco

Deliciosas e práticas para levar a um piquenique ou para acompanhar o lanche da tarde. Por serem muito nutritivas, são um lanchinho perfeito para qualquer momento e, sem dúvida, uma excelente sugestão de sobremesa.

INGREDIENTES

250 g de farinha de trigo

2 colheres de chá de fermento em pó

1 colher de chá de canela

300 g de açúcar demerara

100 g de coco ralado

100 g de uvas-passas pretas

70 g de nozes picadas e torradas

100 g de cenouras raladas

2 ovos

1 colher de chá de essência de baunilha

100 ml de óleo de girassol ou de milho

100 g de manteiga derretida

Rendimento: 12-16 barrinhas

PREPARAÇÃO

Em um recipiente, misture a farinha com o fermento em pó, a canela, o açúcar, o coco, as uvas-passas, as nozes e as cenouras.

À parte, bata com um batedor manual os ovos, a baunilha, o óleo e a manteiga. Junte ambas as preparações e mexa bem.

Para assar as barrinhas, podemos escolher estas alternativas:

Coloque a preparação dentro de uma assadeira de 24 x 24 cm ou 22 x 28 cm, ou em um aro de alumínio apoiado sobre uma assadeira forrada com papel-alumínio *(fotos 1, 2 e 3)*, tudo untado com manteiga ou com óleo vegetal. (Também pode ser colocada diretamente sobre uma assadeira untada com manteiga ou uma base de silicone.)

Leve para assar em forno pré-aquecido a 180°C, durante 25-30 minutos, até a superfície ficar dourada e firme. Deixe esfriar na assadeira; desenforme ou retire o molde e corte em barrinhas de aproximadamente 3 x 8 cm *(fotos 4 e 5)*.

1

2

3

4

5

INGREDIENTES

*Para a massa:**

120 g de manteiga ou margarina

250 g de farinha de trigo

100 g de açúcar de confeiteiro

2 gemas

suco de ½ laranja

raspas de 2 laranjas

Para o recheio:

250 g de açúcar

4 ovos

250 g de creme de leite

200 ml de suco de laranja

raspas de 2 laranjas

2 colheres de sopa de suco de limão

Para a cobertura:

3 laranjas

50 g de açúcar

Rendimento: 12 pessoas

* A torta pode ser preparada com antecedência, mas as laranjas devem ser cozidas e colocadas em cima somente um pouco antes de servir.

Torta de laranjas caramelizadas

Uma sobremesa ideal para completar um almoço demorado ou um café da manhã.

PREPARAÇÃO

A massa: no processador, bata todos os ingredientes até formar a massa. Se não utilizar processador, trabalhe manualmente primeiro a manteiga com a farinha, até obter uma farofa; adicione o restante dos ingredientes e misture com a ponta dos dedos apenas o necessário para formar a massa, sem amassar demais. Envolva em plástico filme e leve à geladeira durante uma hora. Estique com um rolo de massa sobre a mesa enfarinhada, girando a massa até formar um círculo (sempre polvilhe farinha na superfície de trabalho e na massa, para não grudar). Enrole a massa no rolo e forre uma fôrma para torta de fundo removível, de 24 cm de diâmetro (*ver fotos na p. 13*). Fure a massa com um garfo e leve ao forno pré-aquecido a 180°C durante 15 minutos, até ficar seca, mas não dourada.

O recheio: misture todos os ingredientes e despeje sobre a torta pré-cozida. Leve para assar em forno pré-aquecido a 180° por 30 minutos ou até o recheio ficar firme. Retire e deixe esfriar em temperatura ambiente. Leve à geladeira durante 3 horas.

As laranjas caramelizadas: descasque as laranjas, retirando a parte branca, e corte em rodelas finas (*fotos 1 e 2*). Passe-as pelo açúcar e, em uma frigideira bem quente, sem mexer, toste por uns 3 minutos, até começarem a caramelizar só de um lado (*fotos 3 e 4*). Retire com cuidado e deixe esfriar sobre uma bandeja (*foto 5*). Distribua sobre a torta na hora de servir.

1

2

3

4

5

Com gostinho romântico

Crème brûlée com recheio de manga

INGREDIENTES

Para o recheio de manga:

2 mangas (ou 200 g, já descascadas e cortadas)

3 colheres de sopa de açúcar

3 colheres de sopa de água

Para o creme:

360 ml de creme de leite

120 ml de leite

½ fava de baunilha ou ½ colher de chá de essência de baunilha

6 gemas

90 g de açúcar

Para caramelizar:

3 colheres de sopa de açúcar

Rendimento: 6 pessoas

O crème brûlée *é uma sobremesa que pode ser apreciada em qualquer ocasião. Mas, quando se trata de um momento romântico, esta receita, com uma surpresa no recheio, torna-se incrivelmente tentadora e delicada.*

PREPARAÇÃO

Descasque a manga e corte-a em cubos pequenos. Coloque em uma panelinha junto com o açúcar e água só para cobrir o fundo. Cozinhe em fogo moderado até ferver. Reduza o calor e continue cozinhando durante mais 3-5 minutos. Retire e bata no processador até obter um purê bem liso. Deixe esfriar e distribua na base das fôrmas de *crème brûlée* ou *ramequins*.*

O creme: esquente o creme de leite, o leite e a baunilha em uma panela até levantar fervura. Em outro recipiente, junte as gemas com o açúcar, sem bater. Despeje a preparação quente sobre as gemas enquanto mistura com um batedor manual de arame. Coe para obter um creme bem liso e distribua nas fôrmas por cima do purê de manga. Leve para assar em banho-maria (colocando as fôrmas dentro de uma assadeira funda com água fria, coberta com papel-alumínio) em forno pré-aquecido a 180°C, durante aproximadamente 30-40 minutos, até a superfície ficar firme. Antes de servir, polvilhe ½ colher de sopa de açúcar em cada *ramequin* e queime com um maçarico *(ver foto)*.

* Você pode usar tanto fôrmas individuais para suflê de 100 ml e aproximadamente 8 cm de diâmetro, quanto os clássicos *ramequins* chatos, de aproximadamente 12 cm de diâmetro.

Tortinhas francesas de frutas

INGREDIENTES

Para a massa:

75 g de manteiga

150 g de farinha de trigo

½ colher de chá de fermento em pó

60 g de açúcar de confeiteiro

1 gema

*Para o recheio cremoso:**

300 ml de leite

½ fava de baunilha ou ½ colher de chá de essência de baunilha

70 g de açúcar

4 gemas

20 g de amido de milho

20 g de manteiga

500 g de frutas da estação descascadas e fatiadas (morangos, ameixas, pêssegos, abacaxis, bananas, mangas, uvas, kiwis ou uma combinação de qualquer uma destas)

Rendimento: 6 tortinhas de 7-8 cm de diâmetro

* As bases e o creme podem ser preparados com antecedência, mas é melhor rechear uma ou duas horas antes de servir, para as bases não ficarem úmidas.

Não há nada como tortinhas de massa crocante e fina, com um recheio cremoso e leve, com frutas bem frescas... simplesmente inexplicável.

PREPARAÇÃO

A massa: no processador, bata todos os ingredientes até formar a massa. Se não utilizar processador, trabalhe manualmente primeiro a manteiga com a farinha até obter uma farofa; adicione o restante dos ingredientes e misture com a ponta dos dedos apenas o necessário para formar a massa, sem amassar demais. Envolva em plástico filme e leve à geladeira durante uma hora. Estique com o rolo de massa sobre a mesa enfarinhada, girando a massa aos poucos, até ficar com 2-3 mm de espessura. Com uma das fôrmas, marque e corte retângulos (ou discos, se utilizar fôrmas redondas), levante-as com cuidado e forre as fôrmas. Espete a massa com um garfo e leve à geladeira por mais uma hora. Asse as tortinhas em forno pré-aquecido a 180°C durante 15 minutos, até ficarem levemente douradas.

O recheio cremoso: numa panelinha, esquente o leite com a baunilha e a metade do açúcar. Em outro recipiente, misture as gemas com o restante do açúcar e o amido de milho. Quando o leite levantar fervura, despeje sobre as gemas, mexendo com um batedor manual. Transfira-o novamente à panelinha e leve o creme a fogo baixo. Cozinhe até ferver, sem parar de mexer, e continue cozinhando por mais um minuto. Retire do fogo, acrescente manteiga e cubra com plástico filme, fazendo contato com a superfície, para evitar que forme nata. Uma vez frio, coloque em um saco de confeitar e recheie as tortinhas. Decore com as frutas frescas.

Espuma de limão e Negresco

INGREDIENTES

Para a espuma:

6 gemas

½ xícara (125 ml) de suco de limão

200 g de açúcar

80 g de manteiga ou margarina fria

100 ml de água

2 claras

raspas de 1 limão

1 pacote de biscoitos de chocolate Negresco (aproximadamente 100 g)

Rendimento: 6 pessoas

Há aqueles que são atraídos primeiro pelos olhos: é a eles que dedicamos esta sobremesa, servida em copinhos ou tacinhas, e tão leve que acompanha muito bem um maravilhoso jantar romântico.

PREPARAÇÃO

Numa panelinha, cozinhe em fogo baixo as gemas já misturadas com o suco de limão e a metade do açúcar, mexendo constantemente com um batedor manual de arame, só até engrossar (para não talhar as gemas). Retire do fogo e incorpore a manteiga bem fria em cubos, mexendo rapidamente com o mesmo batedor, para obter uma coalhada de limão. Coloque a metade restante do açúcar em outra panelinha e cubra com a água. Ferva até obter uma calda em ponto de bala dura *(ver fotos)* ou até atingir 125°C. Bata as claras em neve e então acrescente-as à calda em forma de fio, sem parar de bater, até obter um merengue italiano brilhante e com bicos firmes. Continue batendo até esfriar.
Una a coalhada de limão com o merengue italiano, mexendo suavemente. Acrescente as raspas de limão e reserve.
No processador, bata 2/3 do pacote de biscoitos de chocolate até obter um pó. Distribua 1-2 colheres de sopa da espuma em cada copo, depois uma colher de sopa de biscoitos moídos e outras 1-2 colheres de espuma. Leve à geladeira durante pelo menos 2 horas. Antes de servir, decore a superfície dos copos com pedaços de biscoito partido.

1 2 3

Papillote de frutas com sorvete

INGREDIENTES

1 kg de frutas frescas variadas, por exemplo:

½ manga madura

¼ abacaxi

12 morangos

2 laranjas

50 g de mirtilos

100 g de açúcar

30 g (2 colheres de sopa) de mel

100 g de manteiga ou margarina

6 retângulos de papel-manteiga de aproximadamente 20 x 30 cm

½ litro de sorvete de creme (ou de outro sabor suave que combine com frutas)

Rendimento: 6 pessoas

Muito simples de preparar, assa em poucos minutos e se transforma na grande surpresa do dia: ao abrir os pacotinhos, o vapor doce das frutas enche o ambiente de um aroma surpreendente. O sorvete que serviremos para acompanhar será o contraponto ideal.

PREPARAÇÃO

Descasque a manga e o abacaxi e corte-os em fatias finas. Corte os morangos ao meio. Descasque as laranjas, retirando a parte branca, e corte-as em rodelas.

Coloque os retângulos de papel sobre a mesa. Acomode as frutas no centro de cada um, polvilhe com açúcar e regue com mel *(fotos 1 e 2)*.

Distribua cubinhos de manteiga sobre as frutas e arme os pacotinhos ou *papillotes*, grudando as bordas com clara de ovo *(fotos 3 e 4)*.

Leve para assar em forno pré-aquecido a 180°C durante 12-15 minutos.

Retire e, com a ajuda de uma espátula lisa e larga, transfira-os para cada prato. Faça um corte no meio de cada pacotinho e sirva com uma colher ou bola de sorvete.

1 2 3 4

Torta de maçã com creme de mel e papoulas

Podemos preparar uma torta grande, ou montar quatro pequenas, para compartilhar um momento romântico.

INGREDIENTES

Para a massa:

130 g de manteiga ou margarina

250 g de farinha de trigo 50 g de farinha de trigo integral

90 g de açúcar demerara

1 ovo

½ colher de chá de canela em pó

Para o recheio:

6 maçãs verdes

suco de ½ limão

100 g de uvas passas pretas

Para o crumble*:*

100 g de manteiga ou margarina fria

100 g de açúcar demerara

90 g de farinha de trigo

30 g de nozes torradas

Para o creme de mel e papoulas:

30 g de mel

1 colher de sopa de sementes de papoula (opcional)

200 g de creme de leite

Rendimento: 8 pessoas

PREPARAÇÃO

A massa: no processador, bata todos os ingredientes até formar a massa. Se não utilizar o processador, trabalhe manualmente primeiro a manteiga com as farinhas até obter uma farofa; acrescente o restante dos ingredientes e misture com a ponta dos dedos apenas o necessário para formar a massa, sem amassar demais. Envolva em plástico filme e leve à geladeira durante uma hora. Estique com o rolo de massa sobre a mesa enfarinhada, formando um círculo; sempre polvilhe farinha na superfície de trabalho e na massa, para não grudar. Enrole no rolo e forre uma fôrma para torta de fundo removível, de 24 cm de diâmetro *(veja fotos na p. 13)*. Fure toda a superfície com um garfo e deixe descansar na geladeira por 30 minutos. Leve para assar em forno pré-aquecido a 180°C durante 12 minutos, até ficar seca, mas não dourada.

O recheio: rale as maçãs com um ralador grosso, regue com o suco de limão e misture com as uvas-passas. Recheie a fôrma forrada com a massa.

O crumble*:* no processador, bata todos os ingredientes até obter uma farofa (ou trabalhe com um garfo). Coloque sobre as maçãs raladas. Leve para assar em forno pré-aquecido a 180°C por aproximadamente 30 minutos, até o *crumble* ficar bem dourado.

O creme de mel e papoulas: esquente o mel junto com as sementes de papoula só para amornar. Deixe em infusão e, quando esfriar um pouco, misture com o creme de leite e bata tudo junto até ganhar consistência. Sirva com a torta morna e um pouco de mel por cima.

Panacota de baunilha com marmelos em calda

INGREDIENTES

Para a panacota:

400 ml de creme de leite

100 ml de leite

50 g de açúcar

1 fava de baunilha ou ½ colher de chá de essência de baunilha

3,5 g de gelatina em pó sem sabor (½ envelope de 7 g)

20 ml de água fria

Para os marmelos em calda:

500 g de marmelos (3-4 unidades)

500 g de açúcar*

500 ml de água

Rendimento: 6 pessoas

* O peso dos marmelos deve ser o mesmo que o do açúcar.

Um dos símbolos mais sofisticados das sobremesas italianas, a panacota (creme cozido) é, além do mais, incrivelmente fácil de preparar. O segredo: apenas a quantidade exata de gelatina; deve ser muito suave. A chave: os deliciosos marmelos que a acompanham e lhe dão o nosso toque original.

PREPARAÇÃO

Esquente o creme de leite em fogo médio junto com o leite, o açúcar e a baunilha. Mexa com uma colher de madeira até dissolver o açúcar. Quando levantar fervura, abaixe o fogo ao mínimo e deixe a preparação reduzir de tamanho durante 5 minutos. Passe para outro recipiente e espere esfriar um pouco. Enquanto isso hidrate a gelatina em água fria e em seguida esquente-a no micro-ondas ou em banho-maria, durante 10 minutos, até dissolver completamente. Incorpore-a ao creme, coe a preparação e distribua nas fôrmas. Deixe descansar na geladeira durante 4 horas. Desenforme mergulhando as fôrmas em água morna por alguns segundos. Acompanhe com os marmelos em calda.

Os marmelos: ferva a água numa panelinha que possa conter os 4 marmelos. Para descascá-los facilmente, introduza-os inteiros na água fervente durante um minuto, depois retire e coloque em água fria com gelo de 2 a 3 minutos. Descasque-os, corte em quatro e retire os miolos. Prepare uma calda com o açúcar e a água e deixe ferver durante 3 minutos em fogo alto. Adicione os marmelos e abaixe o fogo; cozinhe-os até ficarem moles e mudarem de cor (aproximadamente 45 minutos). Apague o fogo e deixe-os esfriar dentro da calda.

Mesa de doces

Cheesecake de chocolate branco e coulis de maracujá

Um cheesecake com chocolate, coberto com o frescor do maracujá é uma sobremesa que agrada a todos. Uma escolha ideal para uma mesa de doces.

INGREDIENTES

Para a base:

150 g de biscoitos de maisena

70 g de manteiga em temperatura ambiente

Para o recheio:

400 g de queijo Philadelphia*

150 g de queijo cremoso*

3 ovos

150 g de açúcar

150 g de chocolate branco

120 g de creme de leite

Para o coulis *de maracujá:*

100 g de maracujá fresco (2 unidades) ou 100 ml de polpa

50 g de açúcar

Rendimento: 8 pessoas

* São dois tipos de queijo cremoso; o Philadelphia é mais consistente. O ideal é a combinação, mas ambos podem ser substituídos por um bom queijo branco cremoso.

PREPARAÇÃO

A base: no processador, bata todos os ingredientes até obter um pó (ou então moa os biscoitos amassando com um rolo de massa e misture com a manteiga). Coloque dentro de uma fôrma redonda de fundo removível de 24 cm de diâmetro e pressione com a ponta dos dedos até cobrir a base. Deixe na geladeira durante meia hora.

O recheio: no processador ou na batedeira, bata todos os ingredientes, menos o chocolate branco e o creme de leite. À parte, prepare uma *ganache*: em um recipiente, pique o chocolate bem fino. Esquente o creme de leite até levantar fervura e despeje-o imediatamente sobre o chocolate picado. Deixe descansar por 20 segundos e misture bem. Incorpore a *ganache* à mistura de queijos e bata no processador ou na batedeira até obter uma preparação bem lisa. Despeje sobre os biscoitos e leve para assar em forno pré-aquecido bem brando (160°C) durante 35-40 minutos, até ficar firme. Retire do forno, deixe esfriar em temperatura ambiente e depois leve à geladeira (se for feito de um dia para o outro, melhor).

O coulis *de maracujá:* corte os maracujás e extraia toda a polpa, incluindo as sementes. Coloque em uma panelinha junto com o açúcar e cozinhe durante 8 minutos, até engrossar, como um molho.
Deixe esfriar e banhe a superfície do *cheesecake* com o *coulis*.

Torta suave de limão e framboesas

Uma torta de limão diferente, muito suave e fácil de preparar. Colorida com o vermelho das framboesas que combinam perfeitamente com o cremoso do recheio. Uma sobremesa deliciosa.

INGREDIENTES

Para a massa:

500 g de farinha de trigo

100 g de açúcar de confeiteiro

250 g de manteiga ou margarina

raspas de 1 limão

2 ovos

Para o recheio:

5 ovos

6 gemas

270 g de açúcar

250 ml de suco de limão

raspas de 2 limões

250 g de manteiga ou margarina fria cortada em cubos

Para o coulis *de framboesa:*

250 g de framboesas*

1 colher de sopa de açúcar

Rendimento: 8-10 pessoas

* Pode ser substituído por um *coulis* de morango.

PREPARAÇÃO

A massa: no processador, bata todos os ingredientes, exceto os ovos, até obter primeiro uma farofa. Adicione os ovos e forme uma massa lisa (também pode ser trabalhada manualmente, misturando com a ponta dos dedos apenas o necessário para formar a massa, sem amassar demais). Envolva em plástico filme e leve à geladeira durante uma hora. Estique com o rolo de massa sobre a mesa enfarinhada; polvilhe farinha na superfície de trabalho e na massa, para não grudar. Enrole a massa no rolo e forre uma fôrma para torta de fundo removível, de 18 x 24 cm, ou redonda de 24 cm de diâmetro *(veja fotos na p. 13)*. Fure toda a superfície com um garfo e leve para assar em forno pré-aquecido a 180°C durante 15-20 minutos, até ficar dourada.

O recheio: misture os ovos com as gemas, o açúcar, o suco e as raspas de limão. Numa panelinha, cozinhe em fogo baixo, mexendo o tempo todo com um batedor manual, até a preparação engrossar. Retire do fogo, incorpore a manteiga fria e bata sem parar. Despeje o creme de limão sobre a torta.

O coulis de framboesas: numa panelinha, cozinhe as framboesas junto com o açúcar, até ficar com consistência de geleia (7-10 minutos). Deixe esfriar e bata no liquidificador para formar uma calda. Quando o creme de limão tiver esfriado, distribua o *coulis* de framboesas por toda a superfície da torta. Deixe na geladeira durante 3 horas antes de servir.

INGREDIENTES

*Para a massa:**

400 g de chocolate meio amargo de boa qualidade

400 g de manteiga ou margarina

8 gemas

8 claras

300 g de açúcar demerara

250 g de amêndoas torradas e moídas

75 g de farinha de trigo

1 colher de chá de fermento em pó

50 g de cacau amargo

Para as amêndoas caramelizadas:

200 g de amêndoas fatiadas

60 g de mel

Para a ganache *de chocolate:*

400 g de chocolate meio amargo de boa qualidade

400 g de creme de leite

100 g de mel

Rendimento: 16 pessoas

* É recomendável fazer a massa no dia anterior.

Bolo de chocolate, amêndoas e mel

Em uma mesa de doces, um bolo de chocolate não pode faltar. Esta é uma receita deliciosa e infalível.

PREPARAÇÃO

A massa: derreta o chocolate e a manteiga em banho-maria, ou então no micro-ondas, em intervalos de 30 segundos, mexendo bem entre cada um. Acrescente as gemas e a metade do açúcar, batendo bem com um batedor manual. Adicione as amêndoas moídas e o restante dos ingredientes secos. Por último, bata as claras em neve com o resto do açúcar e incorpore à preparação com movimentos abrangentes. Coloque em uma fôrma redonda de bordas altas e fundo removível, de 24 cm de diâmetro, previamente forrada com papel-manteiga, tudo untado com manteiga e polvilhado com farinha. Leve para assar em forno pré-aquecido a 180°C durante 40 a 50 minutos, até que um palito introduzido no centro saia limpo. Retire do forno e deixe esfriar.

As amêndoas caramelizadas: misture as amêndoas e o mel *(fotos 1 e 2)* e coloque tudo sobre uma base de silicone em uma assadeira. Leve para assar em forno baixo (160°C) por uns 5 minutos, até as amêndoas torrarem. Deixe esfriar e quebre com as mãos para obter torrones pequenos *(foto 3)*.

A ganache: em um recipiente, pique o chocolate bem fino. À parte, esquente o creme de leite até levantar fervura e despeje imediatamente sobre o chocolate. Deixe descansar por alguns segundos e misture bem. Incorpore o mel, mexa e deixe esfriar em temperatura ambiente, até obter consistência de creme.

Montagem: corte o bolo em duas partes iguais e apoie primeiro a camada superior, ao contrário. Recheie com a metade da *ganache* e das amêndoas caramelizadas *(fotos 4 e 5)* e apoie a outra camada por cima. Cubra com o restante da *ganache* e decore com as amêndoas caramelizadas restantes.

1

2

3

4

5

Espetinhos de fruta com mel de gengibre

INGREDIENTES

2 bananas

8 morangos

8 amoras

2 kiwis

2 peras

1 colher de sopa de óleo

1 colher de sopa de manteiga ou margarina

espetos ou palitos de churrasco

50 g de mel

1 colher de chá de gengibre fresco ralado

Rendimento: 8 espetinhos

Além de confeitaria, para compor uma mesa de sobremesas sempre devemos incluir alguma receita com frutas, bem refrescante. Esta opção é muito simples, mas traz um toque original, ao passar os espetinhos pela frigideira para dourá-los e dar-lhes um leve sabor queimado. Pode ser combinado com as frutas da estação de sua preferência; será sempre um sucesso.

PREPARAÇÃO

Corte as frutas grandes em cubos de tamanho similar e monte os espetinhos, alternando-as com as frutas pequenas nos palitos.
Esquente o óleo a manteiga em uma frigideira e coloque os espetinhos. Deixe-os alguns minutos, sem mexer, para dourarem bem de um lado. Depois, vire-os cuidadosamente para dourar do outro lado. Enquanto isso, em uma panelinha, esquente o mel com o gengibre ralado apenas por alguns minutos, sem ferver.
Quando os espetinhos estiverem dourados dos dois lados, coloque-os em uma travessa e lambuze com bastante mel de gengibre. Sirva imediatamente.

INGREDIENTES

Para a dacquoise *de amêndoas:*

4 claras

150 g de açúcar

100 g de açúcar de confeiteiro

50 g de amêndoas moídas

30 g de biscoitos doces moídos

Para o creme de mascarpone:

180 g de açúcar

100 ml de água (para cobrir)

9 gemas

300 g de creme de leite

300 g de queijo mascarpone*

150 g de queijo cremoso

Raspas de 1 laranja

160 g de cerejas frescas ou em calda, sem caroço

Para decorar:

300 g de frutas vermelhas sortidas (framboesas, amoras, mirtilos, morangos etc.)

Rendimento: 12 pessoas

* Pode ser acrescentado mais queijo cremoso.

Dacquoise gelada de amêndoas com mascarpone, cerejas e frutas vermelhas

Esta será a estrela de sua mesa. Deve ser preparada com tempo suficiente, pois, embora seja simples, requer vários passos.

PREPARAÇÃO

***As camadas de* dacquoise:** bata as claras em neve com o açúcar comum. Acrescente o restante dos ingredientes, misturando suavemente *(foto 1)*. Cubra com papel-manteiga as bases de 2 fôrmas de fundo removível quadradas, ou de 26 cm de diâmetro, unte com manteiga e polvilhe com farinha. Distribua a preparação em ambas as fôrmas, alisando a superfície *(foto 2)*, e leve para assar em forno pré-aquecido a 180°C durante 30 minutos *(foto 3)*. Esfrie e desenforme.

O recheio: faça uma calda com o açúcar e a água, fervendo até o ponto de bala mole (115°C). Bata as gemas e incorpore-as à calda em forma de fio, batendo sempre. Em um recipiente à parte, bata o creme de leite, o mascarpone e o queijo cremoso até encorpar. Una as duas preparações e acrescente as raspas de laranja.

Montagem: coloque uma camada de *dacquoise* de volta na fôrma e espalhe metade do recheio sobre ela *(foto 4)*. Distribua as cerejas por cima *(foto 5)* e tampe com a segunda camada. Cubra com o creme restante e congele por no mínimo 6 horas. Dez minutos antes de servir, retire a borda da fôrma, passando uma faca suavemente para desgrudar a massa, e deslize a *dacquoise* sobre a travessa. Cubra com as frutas vermelhas.

1 2 3 4 5

Ángela Copello

É fotógrafa profissional desde 1990. Começou seus estudos na Escola Argentina de Fotografia e, a seguir, aperfeiçoou-se com fotógrafos consagrados, como Aldo Bressi, Virginia del Giudice e Edgardo Fillol. Suas fotografias foram divulgadas em importantes revistas, como *Para Ti Decoración*, *Sophia*, *Jardín* e *Garden Illustrated*. Publicou vários livros, entre eles, *Hijos del Sol* – sobre a cultura inca – e *Paisajistas argentinos*. Também fotografou todos os livros desta coleção.

Pía Fendrik

É especialista em *food styling*, chef e confeiteira. Desenvolveu produções gastronômicas para prestigiosas revistas femininas e de comportamento, além de catálogos e receitas para empresas de alimentos. Ministra cursos de gastronomia especializada e é autora de vários livros desta coleção, nos quais também realizou o *food styling*.

CONSULTAS E COMENTÁRIOS
praticoesaboroso@vreditoras.com.br

V&R EDITORAS

Direção gastronômica e de arte: Trini Vergara
Fotografia: Ángela Copello
Produção e *food styling*: Pía Fendrik
Editora: Flavia Lago
Editora assistente: Marcia Alves
Diagramação: Bibi Marques
(sobre projeto gráfico de Schavelzon | Ludueña Design editorial)
Tradução: Mariana Marcoantonio
Preparação: Pedro Silva
Revisão: Laila Guilherme

Agradecemos à Reina Batata *e à* Artemisi
pela colaboração na produção fotográfica.

www.vreditoras.com.br

Rua Capital Federal, 263
CEP 01259-010 | Bairro Sumaré | São Paulo | SP
Tel./Fax: (55 11) 4612-2866
editoras@vreditoras.com.br

ISBN 978-85-7683-381-9
Impresso na China • Printed in China

Dados Internacionais de Catalogação na Publicação (CIP)
(Câmara Brasileira do Livro, SP, Brasil)

Villar, Pamela; Sobremesas para alegrar a vida / Pamela Villar; fotografia Ángela Copello; [tradução Mariana Marcoantonio]. São Paulo: Vergara & RibaEditoras, 2012. (Coleção prático e saboroso / diretora Trini Vergara)

Título original: Postres para alegrar la vida
ISBN 978-85-7683-381-9

1. Receitas 2. Sobremesas (Culinária) I. Copello, Ángela. II. Vergara, Trini. III. Título. IV. Série.

12-05098 CDD-641.86

Índices para catálogo sistemático:
1. Sobremesas: Receitas culinárias: Economia doméstica 641.86